Die Weihnachtsgeschenkebäckerei

Selbstgemachtes
zum Genießen und Verschenken

Linda Collister
Fotografien von William Reavell

Die Weihnachtsgeschenkebäckerei

Selbstgemachtes
zum Genießen und Verschenken

MOEWIG

Erstveröffentlichung unter dem Titel „Christmas Treats“ durch Ryland Peters & Small Ltd
20-21 Jockey's Fields
London WC1R 4 BW
England

Alle Fotografien von William Reavell mit Ausnahme der Fotografien auf den Seiten 21, 29, 34 und 73 von Diana Miller.

Genehmigte Lizenzausgabe für Moewig, ein Imprint der
edel entertainment GmbH, Hamburg
www.edel.de / www.moewig.de

Übersetzung: Anne Görblich-Baier
Redaktion und Satz der deutschen Ausgabe: Gisela Witt für bookwise medienproduktion gmbh, München

Printed in China

ISBN 978-3-86803-371-7

Anmerkungen

- Sind Zutaten in Löffeln angegeben, ist immer ein gestrichener Löffel gemeint.
- Sofern nicht anders angegeben, werden Eier mittlerer Größe verwendet; am besten Freilandeier.
- Der Backofen sollte in der angegebenen Temperatur vorgeheizt werden. Die Rezepte in diesem Buch wurden mit einem normalen Haushaltsherd getestet. Falls Sie einen Umluftherd verwenden, sollten Sie die Temperatur gemäß Herstelleranweisung einstellen.
- Einmachgläser zum Sterilisieren in warmem Wasser mit Spülmittel auswaschen und mit heißem Wasser nachspülen. In einen großen Topf stellen und mit heißem Wasser bedecken. Deckel auflegen und etwa 15 Minuten kochen lassen. Hitze reduzieren und Gläser bis kurz vor dem Einfüllen im heißen Wasser stehen lassen. Den Deckel etwa 5 Minuten sterilisieren. Die Gläser sollten gefüllt und verschlossen werden, solange sie noch heiß sind.

Inhalt

Vorwort

Weihnachten kündigt sich in unserem Haus zuerst mit dem Duft an: Es riecht würzig-aromatisch nach süßem Gebäck und nach Tannengrün. Und wenn wir dann noch unsere kulinarischen Geschenke vorbereiten, ist das schon der Beginn der Festzeit. Viele Menschen halten zu Weihnachten an Traditionen fest. In unserer Familie jedoch, die verschiedene Wohnsitze, Nationalitäten und Interessen hat, wird jedes Jahr Neues ausprobiert.

Die einfachen Rezepte in diesem Buch, wie die verzierten Plätzchen, sind altbewährt. Sie basieren auf dem fein gewürzten Kleingebäck, das seit Jahrhunderten auf den Weihnachtsmärkten Nordeuropas beliebt ist. In Supermärkten und Haushaltswarenläden finden Sie das entsprechende Zubehör wie Ausstechförmchen in den unterschiedlichsten Formen, daneben Zuckerguss-Stifte sowie Bänder und Garn zum Aufhängen. Kinder möchten beim Backen immer gern mithelfen. Binden Sie ihnen eine Schürze um und ab in die Küche! Wenn Sie die Plätzchen nicht als Baumschmuck verwenden (es sind wahrlich kleine Kunstwerke!), können Sie sie auch an Girlanden oder Zweigen aufhängen. Ebenfalls einfach herzustellen, auch für Kinder, sind die Weihnachtstrüffel (S. 68). Sie sind weniger gehaltvoll als das übliche Konfekt und eignen sich ideal als Geschenk.

Aufwendigeres Weihnachtsgebäck, wie Lebkuchen (S. 19), Französische Schokofinger (S. 31) oder Butterplätzchen (S. 23) können Sie zum Verschenken in schöne Schachteln oder Dosen füllen oder in Zellophantüten verpacken, die Sie mit farbigen Bändern verschnüren. Auf einem beigefügten Kärtchen lassen sich Details zur Aufbewahrung, die Zutaten (für Allergiker) und das Haltbarkeitsdatum (Hinweise finden Sie in den Rezepten) notieren.

Festtagsmenüs lassen sich gut vorbereiten. Für den bei uns traditionellen Truthahn zum Erntedankfest zum Beispiel koche ich eine große Portion Cranberry-Relish (S. 87), von dem ich einen Teil für Weihnachten aufhebe. Auch dann gibt es Pute mit dieser heiß geliebten Beilage. So wie das Ingwer-Früchte-Relish (S. 88) schmeckt auch das pikante Fruchtkompott nach den üppigen Feiertagen gut zu kaltem Braten, Schinken und Käse.

Am Weihnachtstag reiche ich zum Champagner vor dem Mittagessen pikante Happen, wie Chili-Käse-Windbeutel (S. 76) oder die deftigeren, knusprigen Käse-Schweinsohren (S. 75). Sie können gut vorbereitet, eingefroren und vor dem Servieren erwärmt werden. Übriggebliebenes schmeckt köstlich zu Suppen. Die selbstgebackenen Grissini (S. 80) kann man pur zu Dips oder mit Parmaschinken umwickelt servieren. Die einfachsten Rezepte sind meist die besten – wie zum Beispiel die pikanten Nüsse oder die marinierten Oliven (S. 83).

Es bereitet große Freude, wenn Freunde oder Verwandte überraschend mit Geschenken vor der Tür stehen. Das hat mich aber auch oft in Verlegenheit gebracht. Aus Erfahrung halte ich für solche Fälle immer selbstgemachtes Gebäck bereit. Heute verstehe ich meine Großmutter, die im 19. Jahrhundert in einer Großfamilie aufwuchs und immer sagte, mit Schinken, reifem Käse und einem großen Englischen Kuchen in der Speisekammer sehe sie den Festtagen gelassen entgegen. Aus Brownies (S. 44–47) zum Beispiel ist schnell ein Dessert gezaubert: Servieren Sie sie warm mit Eiscreme und geschmolzener Schokolade. Der Schoko-Cognac-Kuchen (S. 52) oder der Zitronenkuchen mit Nüssen (S. 56) sind schnell gebacken. Zu jeder Tageszeit beliebt sind Muffins (S. 60–64). Sie können im Voraus hergestellt und eingefroren werden. Und zum Neujahrs-Frühstück schmecken frische Brioches (S. 59) köstlich.

Viel Spaß beim Backen und genießen Sie den herrlichen weihnachtlichen Duft!

Kleingebäck

HIER HEISST DAS MOTTO: ZUERST VERZIEREN, DANN AN ROTEN ODER SILBERNEN BÄNDERN AN DEN BAUM HÄNGEN UND SPÄTER AUFESSEN. DIE GLASUR BESTEHT AUS PUDERZUCKER, DER MIT HONIG STATT WASSER VERRÜHRT WIRD.

Honigkuchenfiguren

300 g Weizenmehl

2 TL gemahlener Zimt

1 TL Lebkuchengewürz

175 g kalte Butter, in Stückchen

6 EL flüssiger Honig

Für die Dekoration

Eiweiß- oder Zuckerglasur oder Zuckerguss-Stifte, Silberkügelchen, Bänder (Bezugsquellen siehe S. 94)

Plätzchenausstecher in verschiedenen Formen

Backbleche, leicht gefettet

ERGIBT, JE NACH GRÖSSE DER AUSSTECHFORMEN, ETWA 24 STÜCK

Mehl mit Zimt und Lebkuchengewürz in der Rührschüssel einer Küchenmaschine vermischen. Butter zugeben und alle Zutaten zu einer krümeligen Masse verrühren. Dann den Honig hinzufügen und die Mischung zu einem glatten Teig verarbeiten.

Teig aus der Schüssel nehmen und zu einer Kugel formen. In Frischhaltefolie wickeln und etwa 30 Minuten kühl stellen. So kann der Teig bis zu 5 Tage im Kühlschrank aufbewahrt werden.

Teig auf einer leicht bemehlten Arbeitsfläche etwa 5 mm dick ausrollen und mit den bemehlten Formen Plätzchen ausstechen. Die Teigreste verkneten, erneut ausrollen, weitere Figuren ausstechen und mit genügend Abstand auf die Backbleche legen. Werden die Plätzchen als Baumschmuck verwendet, oben ein kleines Loch mit einem Stäbchen oder Cocktailspieß hineinstechen, damit man ein Band durchziehen kann. Plätzchen auf dem Blech 10–15 Minuten kühl stellen.

Den Backofen auf 180 °C vorheizen.

Honigkuchenfiguren 10–12 Minuten im Ofen backen. Zum Abkühlen 3 Minuten auf den Blechen lassen, dann auf ein Kuchengitter legen. Mit Eiweißglasur (S. 15), Zuckerglasur (S. 16) oder einem Zuckerguss-Stift verzieren und die Kügelchen in die noch feuchte Glasur drücken. Bänder erst durchziehen, wenn die Glasur fest geworden ist. In einem luftdicht verschließbaren Behältnis hält sich das Gebäck einige Wochen.

DIESE GOLDBRAUNE, WÜRZIGE VARIANTE IST ETWAS GEHALTVOLLER ALS NORMALER PFEFFERKUCHEN. DUNKLER ROHRZUCKER VERLEIHT DEM KNUSPRIGEN GEBÄCK EINE NOCH INTENSIVERE FARBE.

Dunkle Pfefferkuchen

350 g Weizenmehl
1 EL gemahlener Ingwer
1 TL Backpulver
1 TL gemahlener Zimt
175 g Butter
150 g brauner Rohrzucker
4 EL heller Zuckerrübensirup

Für die Dekoration

Eiweiß- oder Zuckerglasur oder Zuckerguss-Stifte, Silberkügelchen, Bänder (Bezugsquellen siehe S. 94)

verschiedene Ausstechformen

Backbleche, mit Backpapier belegt

ERGIBT ETWA 18 MITTELGROSSE ODER 12 GROSSE FIGUREN

Mehl, Ingwer, Backpulver und Zimt in eine Schüssel sieben.

Butter, Zucker und Sirup in einem großen Topf bei schwacher Hitze langsam schmelzen. Topf vom Herd nehmen und Inhalt zu den restlichen Zutaten geben. Mit einem Holzlöffel gründlich verrühren, gut abkühlen lassen. Danach den Teig auf einer Arbeitsfläche vorsichtig zu einer Kugel formen, in Frischhaltefolie wickeln und etwa 20 Minuten kühl stellen, bis er fest geworden ist.

Den Backofen auf 180 °C vorheizen.

Den Teig auf einer leicht bemehlten Arbeitsfläche etwa 5 mm dick ausrollen und mit den bemehlten Formen Plätzchen ausstechen. Die Teigreste verkneten, ausrollen, weitere Figuren ausstechen und mit genügend Abstand auf die Bleche legen. Plätzchen in 8–10 Minuten goldbraun backen. Werden die Pfefferkuchen als Baumschmuck verwendet, oben ein kleines Loch mit einem Schaschlikstäbchen oder Cocktailspieß hineinstechen, damit man ein Band durchziehen kann. Die Pfefferkuchen auskühlen lassen und mit Eiweißglasur (siehe unten), Zuckerglasur (S. 16) oder einem Zuckerguss-Stift verzieren. Die Kügelchen in die noch feuchte Glasur drücken. Die Bänder erst durchziehen, wenn die Glasur fest geworden ist. In einer luftdicht verschließbaren Dose lässt sich das Gebäck einige Wochen lagern.

Eiweißglasur – Sie kann mit einigen Tropfen Lebensmittelfarbe eingefärbt werden und erhärtet beim Trocknen. Mit einer Spritztüte aus Pergamentpapier und dünner Tülle (oder einfach durch die abgeschnittene Spitze der Spritztüte) lässt sich die Glasur leicht auftragen. Dazu 200 g Puderzucker in eine Schüssel sieben und mit 1 Eiweiß steif schlagen. Danach kann die Glasur entweder aufgespritzt oder mit dem Pinsel aufgetragen werden.

DIE EINFACHEN, KRÄFTIG GEWÜRZTEN KEKSE EIGNEN SICH BESTENS ALS DEKORATION. ES MÜSSEN KEINE STERNE SEIN – NEHMEN SIE IHRE LIEBLINGSFORMEN, UND DEKORIEREN SIE SIE DANN NACH HERZENSLUST!

Glasierte Sterne

150 g weiche Butter

100 g Zucker

fein abgeriebene Schale und Saft von 1 unbehandelten Zitrone

75 g Frischkäse

300 g Weizenmehl

1 Prise Salz

1 TL Lebkuchengewürz

Für die Dekoration

Eiweiß- oder Zuckerglasur oder Zuckerguss-Stifte, Silberkügelchen, Bänder (Bezugsquellen siehe S. 94)

Stern-Ausstechform

Backbleche, mit Backpapier belegt

ERGIBT ETWA 24 STERNE (10 CM Ø)

Butter, Zucker und Zitronenschale mit dem Handmixer cremig schlagen. 2 Teelöffel Zitronensaft und den Frischkäse unterrühren. Mehl, Salz und Lebkuchengewürz darübersieben, alles gut mischen. Teig aus der Schüssel nehmen und zu einer Kugel formen. Teig in Frischhaltefolie wickeln und etwa 30 Minuten kühl stellen. Der Teig hält sich in dieser Verpackung bis zu 1 Woche im Kühlschrank.

Den Backofen auf 180 °C vorheizen.

Den Teig auf einer leicht bemehlten Arbeitsfläche etwa 5 mm dick ausrollen, Sterne mit bemehlten Formen ausstechen. Reste verkneten, ausrollen, weitere Plätzchen ausstechen und auf die Bleche legen. Oben ein kleines Loch mit einem Holzstäbchen oder Cocktailspieß hineinstechen, damit man ein Band durchziehen kann. Die Plätzchen 12–15 Minuten backen, bis sie an den Rändern goldbraun sind. Backblech aus dem Ofen nehmen, Plätzchen zum Abkühlen 3 Minuten auf dem Blech lassen, dann auf ein Kuchengitter legen. Mit Eiweißglasur (S. 15), Zuckerglasur (S. 16) oder einem Zuckerguss-Stift verzieren. Wenn die Glasur fest ist, die Bänder durchziehen. In einem luftdicht verschließbaren Behältnis halten sich die Plätzchen etwa 2 Wochen.

Zuckerglasur – Sie besteht aus Puderzucker und Wasser und kann mit Lebensmittelfarbe eingefärbt werden. Die Glasur erhärtet durch Trocknen, allerdings nicht so fest wie Eiweißglasur. 100 g Puderzucker in eine Schüssel sieben. Wasser oder Zitronensaft teelöffelweise unterrühren, bis eine spritzfähige Masse entsteht. Will man sie aufstreichen, mehr Wasser zugeben – sie soll dann zäh vom Löffel fließen.

WEIHNACHTEN OHNE LEBKUCHEN WÄRE IN DEUTSCHLAND UNDENKBAR. NACH EINER ÜBERLIEFERUNG, DIE AUF DIE MITTELALTERLICHEN KLÖSTER ZURÜCKGEHT, BESTEHEN SIE AUS HONIG UND SIEBEN GEWÜRZEN, DIE DIE SIEBEN SCHÖPFUNGSTAGE SYMBOLISIEREN. MEINE LIEBLINGSVARIANTE BASIERT AUF EISCHNEE, NÜSSEN UND NUR SECHS GEWÜRZEN – UND IST KNUSPRIG LEICHT.

Lebkuchen

100 g ganze Mandeln, mit Haut

25 g Bitterschokolade, grob gehackt

2 EL Zitronat und Orangeat, sehr fein gehackt

1/2 TL gemahlener Zimt

1/2 TL gemahlener Ingwer

1/4 TL geriebene Muskatnuss

1/4 TL frisch gemahlener schwarzer Pfeffer

1/4 TL gemahlene Gewürznelken

1/4 TL gemahlener Piment

Eiweiß von 2 großen Eiern

115 g Puderzucker, gesiebt

Für die Dekoration

150 g feine Bitterschokolade, gehackt

Backbleche, mit Backpapier belegt

ERGIBT ETWA 16 STÜCK

Den Backofen auf 150 °C vorheizen.

Mandeln und Schokolade in der Rührschüssel einer Küchenmaschine zu einer feinen, bröseligen Masse zerkleinern. Dann das Zitronat und Orangeat sowie alle Gewürze untermischen.

Die Eiweiße in einer fettfreien Schüssel mit dem Handrührgerät schlagen, bis sich weiche Spitzen formen. Den Puderzucker nach und nach zugeben. Etwa 1 Minute weiterschlagen, bis ein sehr steifer Eischnee mit mattem Glanz entsteht. Die Masse mit den Gewürzen zugeben und mit einem großen Metalllöffel vorsichtig unterheben.

Den Teig esslöffelweise abstechen und mit ausreichendem Abstand auf die vorbereiteten Backbleche setzen. Jede Portion mit einem Palettenmesser zu einer Scheibe mit etwa 7 cm Durchmesser formen. Lebkuchen 15–20 Minuten backen, bis sie goldbraun sind.

Die Bleche aus dem Ofen nehmen, auf Drahtgitter stellen und auskühlen lassen. Danach die Lebkuchen vom Backpapier lösen.

Für die Glasur die Schokolade in eine Metallschüssel geben und diese auf einen Topf mit etwas siedendem Wasser setzen (der Schüsselboden darf das Wasser nicht berühren). Schokolade unter Rühren schmelzen, Schüssel vom Topf nehmen. Mit einem Palettenmesser die Lebkuchenoberseiten mit Schokolade bestreichen. Lebkuchen auf Backpapier trocknen lassen.

Luftdicht verpackt, halten sich die Lebkuchen mehrere Wochen.

DIE AROMATISCHEN, DUNKLEN PFEFFERKUCHEN SIND EIN TRADITIONELLES SCHWEDISCHES WEIHNACHTS-GEBÄCK. SIE SCHMECKEN PUR ODER MIT ZUCKERGUSS GLASIERT. DAFÜR GIBT ES SOGAR SPEZIELLE STIFTE.

Schwedische Pfefferkuchen

200 g Weizenmehl
1/2 TL Backpulver
1 TL gemahlener Zimt
1 TL gemahlener Ingwer
1/2 TL frisch gemahlener schwarzer Pfeffer
fein abgeriebene Schale von 1 unbehandelten Orange
150 g Zucker
115 g kalte Butter, in Stückchen
1 Ei, leicht verquirlt
1 EL dunkler Zuckerrübensirup
Stern-Ausstechform
Backbleche, gefettet

ERGIBT ETWA 15 STÜCK

Alle Zutaten in die Schüssel einer Küchenmaschine geben und zu einem glatten Teig verarbeiten.

Pfefferkuchenteig herausnehmen und zu einer Kugel formen, in Frischhaltefolie wickeln und etwa 60 Minuten kühl stellen.

Die Teigkugel aus dem Kühlschrank nehmen und auf einer leicht bemehlten Arbeitsfläche etwa 5 mm dick ausrollen. Mit der bemehlten Form Sterne ausstechen. Die Teigreste verkneten, ausrollen und weitere Plätzchen ausstechen. Mit genügend Abstand auf die Backbleche legen und 10 Minuten kühl stellen.

Den Backofen auf 160 °C vorheizen.

Die Pfefferkuchen 10–12 Minuten backen, bis sie goldbraun sind.

Pfefferkuchen 5 Minuten auf dem Blech ruhen lassen, dann auf einem Kuchengitter vollständig auskühlen lassen. Luftdicht verschlossen, halten die Plätzchen einige Wochen.

DIESES BUTTERGEBÄCK IST ZWAR GEHALTVOLLER ALS MÜRBETEIGPLÄTZCHEN, DAFÜR EINFACHER ZU BACKEN (KEIN AUSROLLEN UND AUSSTECHEN!). MAN AROMATISIERT ES MIT DEM MARK EINER VANILLESCHOTE, GENAUSO GUT KANN MAN AUCH EINEN TEELÖFFEL ECHTEN VANILLEZUCKER VERWENDEN. DER TEIG HÄLT SICH GUT VERPACKT IM KÜHLSCHRANK BIS ZU 5 TAGE.

Butterplätzchen

1 Stück Vanilleschote (etwa 8 cm Länge)

225 g weiche Butter

175 g Zucker

1 großes Ei

250 g Weizenmehl

1/2 TL Backpulver

1 Prise Salz

Rohrohrzucker für die Dekoration

Backbleche, mit Backpapier belegt

ERGIBT ETWA 24 STÜCK

Den Backofen auf 180 °C vorheizen.

Die Vanilleschote längs aufschlitzen und das Mark mit der Messerspitze herauskratzen. Mit Butter und Zucker in die Küchenmaschine geben und zu einer hellen Creme aufschlagen. Das Ei dazugeben und das Ganze zu einer luftigen Masse verrühren.

Mehl, Backpulver und Salz darübersieben und auf niedrigster Geschwindigkeitsstufe untermischen.

Mit bemehlten Händen ein walnussgroßes Teigstück abteilen, zu einer Scheibe formen und auf ein Backblech legen. Arbeitsschritte mit dem restlichen Teig wiederholen. Die Plätzchen (sie müssen nicht flach gedrückt werden) mit genügend Abstand auf das Blech setzen und leicht mit Zucker bestreuen. 15–18 Minuten backen, bis sie in der Mitte goldgelb und an den Rändern etwas dunkler gefärbt sind.

Das Buttergebäck 2 Minuten auf den Blechen, dann vollständig auf einem Kuchengitter auskühlen lassen. In einem luftdicht verschließbaren Behältnis hält es einige Wochen.

IN MEINER KINDHEIT WAR DIESES PLÄTZCHENREZEPT SEHR BELIEBT, DENN ERDNUSSBUTTER GALT DAMALS NOCH ALS EXOTISCH – MEIN VATER BRACHTE DAS ERSTE GLAS VON EINER REISE NACH CHICAGO MIT. HIER HABE ICH BITTERSCHOKOLADE HINZUGEFÜGT, DA ICH DEN KONTRAST ZUM SÜSS-SALZIGEN PLÄTZCHENTEIG MAG. NEHMEN SIE NUR UNGESÜSSTE ERDNUSSBUTTER VON BESTER QUALITÄT.

Schoko-Erdnuss-Gebäck

275 g grobe Erdnussbutter
175 g heller Rohrohrzucker
1/2 TL Vanillezucker
1 großes Ei, verquirlt
50 g Weizenmehl
100 g feine Bitterschokolade, in Stückchen
Backbleche, mit Backpapier belegt

ERGIBT ETWA 24 STÜCK

Den Backofen auf 180 °C vorheizen.

Erdnussbutter, Zucker, Vanillezucker und Ei in eine Rührschüssel geben und mit einem Holzlöffel gut vermischen. Das Mehl und die Schokolade unterrühren. Alle Zutaten mit den Händen zu einem leicht bröseligen Teig verkneten.

Ein esslöffelgroßes Teigstück abstechen, zu einer Kugel formen und aufs Blech legen. Arbeitsschritte mit dem restlichen Teig wiederholen, dabei genügend Abstand zwischen den Plätzchen lassen. Plätzchen mit einem Gabelrücken leicht flach drücken. In etwa 12–15 Minuten goldgelb backen, bis die Mitte fest und die Ränder etwas dunkler sind.

Bleche aus dem Ofen nehmen und Gebäck auf Drahtgitter auskühlen lassen. Danach die Plätzchen vom Blech nehmen und luftdicht verschlossen aufbewahren. Sie halten sich etwa 1 bis 2 Wochen.

DAS ÜBERAUS SCHOKOLADIGE COOKIE BESTEHT AUS VIEL BITTERSCHOKOLADE (SOWOHL GESCHMOLZEN ALS AUCH IN STÜCKCHEN UND MIT WALNÜSSEN GEMISCHT) UND NUR WENIG MEHL – UND WIRD MIT NOCH MEHR SCHOKOLADE VERZIERT.

Schoko-Cookie-Traum

300 g Bitterschokolade, in Stückchen

55 g weiche Butter

2 große, zimmerwarme Eier

140 g Zucker

1/2 TL Vanillezucker

3 EL Weizenmehl

1/4 TL Backpulver

100 g Walnusskernstückchen

Schokoladenglasur

50 g Bitterschokolade, in Stückchen

Backbleche, mit Backpapier belegt

ERGIBT ETWA 24 STÜCK

Den Backofen auf 180 °C vorheizen.

200 g Schokolade in eine Metallschüssel geben und auf einen Topf mit siedendem Wasser setzen (der Schüsselboden darf das Wasser nicht berühren!). Schokolade schmelzen, dabei gelegentlich rühren. Schüssel vom Topf nehmen, Butter unterziehen.

Eier, Zucker und Vanillezucker in einer Rührschüssel mit dem Handrührgerät etwa 3–4 Minuten dickschaumig aufschlagen.

Mehl und Backpulver darübersieben und mit einem großen Metalllöffel vorsichtig unterheben. Die geschmolzene Schokoladen-Butter-Mischung dazugeben. Zum Schluss die restlichen 100 g gehackte Schokolade sowie die Walnusskernstückchen untermischen.

Esslöffelgroße Portionen vom Schokoladenteig abnehmen und mit genügend Abstand auf die Backbleche setzen. Die Cookies 10 Minuten backen, bis der Teig gerade fest zu werden beginnt.

Bleche aus dem Ofen nehmen und auf Drahtgitter stellen, bis das Gebäck vollständig ausgekühlt ist.

Für die Glasur die Schokolade schmelzen (siehe oben). Eine Gabel oder einen Teelöffel in die Schokolade tauchen und diese über die Cookies träufeln. Glasur gut trocknen lassen. In einem luftdicht verschließbaren Behältnis halten sich die Kekse 2 bis 3 Wochen.

DIE SÜSSEN MANDELPLÄTZCHEN ERINNERN AN WEICHE AMARETTI. SIE PASSEN GUT ZUM KAFFEE NACH EINEM FESTLICHEN ESSEN UND SIND EIN IDEALES GESCHENK.

Sardische Mandelkekse

450 g Marzipanrohmasse
100 g Mandelblättchen
2 Eiweiße
50 g Puderzucker
Backbleche, mit Backpapier belegt

ERGIBT ETWA 30 STÜCK

Den Backofen auf 150 °C vorheizen.

Das Marzipan in die Rührschüssel einer Küchenmaschine bröckeln und in kurzen Intervallen fein hacken. 70 g Mandelblättchen, Eiweiße und Puderzucker hinzufügen und alles zu einer festen, glatten Teigmasse schlagen.

Esslöffelgroße Portionen vom Teig abstechen und mit genügend Abstand auf die vorbereiteten Bleche setzen – der Teig geht noch etwas auseinander. Mit den restlichen Mandelblättchen bestreuen. Im Ofen etwa 25 Minuten goldgelb backen.

Kekse auf den Blechen vollständig auskühlen lassen. In einem luftdicht verschließbaren Behältnis hält sich das Gebäck etwa 2 bis 3 Wochen. Es eignet sich jedoch nicht zum Einfrieren.

Variante – Ersetzen Sie die Mandelblättchen (im Teig und zum Bestreuen) durch Pinienkerne.

DAS ELEGANT GEFORMTE SCHOKO-SPRITZGEBÄCK WIRD MIT BITTERSCHOKOLADE VERZIERT UND ZERGEHT FÖRMLICH AUF DER ZUNGE. SPRITZBEUTEL UND TÜLLEN SIND IN HAUSHALTSWARENLÄDEN, KAUFHÄUSERN ODER AUCH ÜBERS INTERNET (SIEHE BEZUGSQUELLEN, S. 94) ERHÄLTLICH. SIE EIGNEN SICH AUCH ZUM SPRITZEN VON EISCHNEE, CREMES ODER SCHLAGSAHNE.

Französische Schokofinger

175 g weiche Butter
50 g Zucker
1/2 TL Vanillezucker
25 g ungezuckertes Kakaopulver
150 g Weizenmehl
1/2 TL Backpulver

Für die Dekoration

75 g Bitter- oder weiße Schokolade, in Stückchen
1 Spritzbeutel, mit gerillter Tülle
Backbleche, mit Backpapier belegt

ERGIBT ETWA 30 STÜCK

Den Backofen auf 180 °C vorheizen.

Butter, Zucker und Vanillezucker in einer Schüssel mit dem Handrührgerät zu einer hellen Creme schlagen. Kakaopulver, Mehl und Backpulver darübersieben und gründlich unterrühren.

Den Teig in einen Spritzbeutel füllen und in etwa 9 cm langen Stäbchen mit genügend Abstand auf die Backbleche spritzen. Die Plätzchen 15 Minuten backen, bis sie an den Rändern leicht gebräunt sind.

Schokoplätzchen aus dem Ofen nehmen und auf den Blechen auskühlen lassen. Vorsicht: Die Plätzchen brechen leicht!

Die Schokolade in eine Metallschüssel geben, diese auf einen Topf mit etwas siedendem Wasser setzen und Schokolade schmelzen (der Schüsselboden darf das Wasser nicht berühren!). Eine Gabel oder einen Teelöffel in die Glasur tauchen, Schokolade quer über die Stäbchen träufeln, fest werden lassen. Luftdicht verschlossen, hält sich das Gebäck etwa 2 Wochen.

DIE KNUSPRIGEN RÖLLCHEN SCHMECKEN KÖSTLICH ZU KAFFEE, EIS ODER EINEM SORBET. DIE ENDEN TAUCHT MAN IN SCHOKOLADE. DANN WIRD DAS GEBÄCK MIT SCHLAGSAHNE GEFÜLLT, DIE MIT ETWAS WEINBRAND AROMATISIERT WURDE.

Schillerlocken

85 g Butter
85 g Zucker
3 EL heller Zuckerrübensirup
85 g Weizenmehl
1 TL gemahlener Ingwer
2 TL Weinbrand
Backbleche, mit Backpapier belegt
Holz- oder Edelstahllöffel mit dickem Stiel

ERGIBT ETWA 20 STÜCK

Den Backofen auf 180 °C vorheizen.

Butter, Zucker und Sirup in einem kleinen Topf bei schwacher Hitze mit einem Holzlöffel verrühren, bis alles zu einer glatten Masse geschmolzen ist. Topf vom Herd nehmen. Mehl und Ingwer mischen, mit dem Weinbrand unter die Masse ziehen, sodass ein fester Teig entsteht.

Den Teig esslöffelweise im Abstand von etwa 10 cm auf die Bleche setzen (er muss nicht glatt gestrichen werden, da er beim Backen noch verläuft). Auf einem Blech sollten nicht mehr als 5 Teigkreise sein. Teig 7–10 Minuten backen, bis er schön aufgegangen und leicht gebräunt ist.

Teigplatten nur 1 Minute abkühlen lassen. Dann schnell mit einem Palettenmesser oder Pfannenwender vom Blech lösen und vorsichtig um den dicken Stiel eines Holz- oder Edelstahllöffels wickeln, damit eine kleine Röhre entsteht. Da der Teig beim Abkühlen rasch fest wird, muss man schnell arbeiten, damit er noch warm und biegsam ist. Sollte er dennoch vor dem Formen hart geworden sein, nochmals auf dem Blech 1 Minute in den Ofen geben. Dann lässt er sich wieder formen.

Die Rollen auf den Stielen abkühlen lassen, bis sie so fest sind, dass sie die Form halten. Dann vorsichtig abziehen und auf einem Kuchengitter auskühlen lassen. Währenddessen die nächste Lage backen und auf diese Weise fortfahren. Luftdicht verschlossen, hält sich das Gebäck etwa 1 Woche.

Hippentörtchen – Den warmen Teig zur Hälfte um kleine unbehandelte Orangen formen, sodass Schälchen entstehen. Fest werden lassen und vorsichtig abnehmen. Schälchen kurz vor dem Servieren mit Eiscreme füllen.

DIESES MANDELKIPFERL-REZEPT STAMMT VON EINER TSCHECHISCHEN FREUNDIN. ICH KENNE AUCH POLNISCHE, DEUTSCHE UND HOLLÄNDISCHE VARIANTEN. MEINE SCHWIEGERMUTTER BÄCKT ÄHNLICHE PLÄTZCHEN ZUM CHANUKKA-FEST.

Mandelkipferl

125 g geschälte Mandeln

60 g Puderzucker, plus eine kleine Menge zum Bestäuben

115 g kalte Butter, in Stückchen

2–3 Tropfen Bittermandelaroma

100 g Weizenmehl

Backbleche, gut gefettet

ERGIBT ETWA 24 STÜCK

Mandeln und Puderzucker in der Küchenmaschine zu einem feinen Pulver zerkleinern. Butter, Bittermandelaroma und Mehl dazugeben und alles zu einem weichen Teig kneten, daraus eine Kugel formen.

Diese vorsichtig aus der Schüssel nehmen, in Folie wickeln und etwa 20 Minuten kalt stellen. So verpackt, kann der Teig 24 Stunden im Kühlschrank aufbewahrt werden.

Den Backofen auf 160 °C vorheizen.

Den Teig aus dem Kühlschrank nehmen. Einen gehäuften Teelöffel Teig abstechen und zu einer etwa 7 cm langen Rolle formen. Das Röllchen zu einem Halbmond biegen und auf ein Backblech legen. Arbeitsschritte mit dem restlichen Teig wiederholen und die Hörnchen mit genügend Abstand auf das Blech setzen. Im Ofen 15–18 Minuten backen, bis die Ränder goldgelb sind.

Mandelkipferl zum Abkühlen 2 Minuten auf dem Blech lassen, dann auf einem Kuchengitter vollständig auskühlen lassen. Kurz vor dem Servieren mit reichlich Puderzucker bestreuen. Luftdicht verpackt, halten sich die Kipferl einige Wochen. Vorsicht beim Lagern, sie sind leicht zerbrechlich. Man kann sie auch einfrieren.

Variante – 50 g Bitterschokolade schmelzen und jeweils eine Hälfte der ausgekühlten Kipferl eintauchen. Plätzchen auf Backpapier legen und Glasur fest werden lassen. Die andere Hälfte der Kipferl vor dem Servieren mit Puderzucker bestreuen.

SABLÉS ODER SANDPLÄTZCHEN WERDEN MIT BESTER BUTTER GEMACHT UND SIND FÜR FRANZOSEN ÄHNLICH WICHTIG WIE SHORTBREAD FÜR DIE SCHOTTEN. STATT PISTAZIEN KÖNNEN SIE AUCH FEIN GEHACKTE, LEICHT GERÖSTETE PECANNÜSSE ODER MANDELN NEHMEN. STECHEN SIE NACH BELIEBEN EINFACHE KREISE ODER AUSGEFALLENE FORMEN AUS.

Sablés mit Pistazien

115 g weiche Butter
1/2 TL echter Vanillezucker
75 g Puderzucker, gesiebt
1 großes Eigelb
150 g Weizenmehl
1 kräftige Prise Backpulver
1 Prise Salz
geschälte Pistazienkerne, fein gehackt
brauner Zucker oder Rohrohrzucker, zum Bestreuen
verschiedene Ausstechformen
Backbleche, mit Backpapier belegt

ERGIBT ETWA 24 STÜCK

Butter, Vanillezucker und Puderzucker mit dem Handrührgerät schaumig schlagen. Das Eigelb unter die luftige Creme rühren.

Mehl, Backpulver und Salz darübersieben und vorsichtig unterheben. Sobald alles vermischt ist, die Pistazien hinzufügen.

Den Teig zu einer Kugel formen, in Klarsichtfolie wickeln und etwa 15 Minuten kühl stellen. So verpackt, kann er bis zu 3 Tage im Kühlschrank aufbewahrt werden.

Den Backofen auf 160 °C vorheizen.

Teig aus dem Kühlschrank nehmen und auf einer leicht bemehlten Arbeitsfläche etwa 5 mm dick ausrollen. Plätzchen mit bemehlten Formen ausstechen. Die Teigreste verkneten, erneut ausrollen, weitere Figuren ausstechen und mit genügend Abstand auf die Bleche legen. Mit etwas braunem Zucker oder Rohrohrzucker bestreuen. Im Ofen 17–20 Minuten backen, bis die Sablés leicht Farbe angenommen haben und an den Rändern goldgelb sind.

Die Bleche auf Drahtgitter stellen. 5 Minuten abkühlen lassen, bis die Plätzchen fest genug sind, um sie auf ein Kuchengitter zu legen. Luftdicht verschlossen, kann man das Gebäck mindestens 2 Wochen aufbewahren.

DIE KNUSPRIGEN MANDEL-BISCOTTI EIGNEN SICH GUT ZUM EINTUNKEN IN KAFFEE ODER DESSSERTWEIN WIE VIN SANTO. DURCH WEICHE, GETROCKNETE CRANBERRIES ERHALTEN SIE EINE FRUCHTIGE NOTE. GEBEN SIE DEN BISCOTTI EIN RAFFINIERTES AROMA, INDEM SIE NACH BELIEBEN EINEN HALBEN TEELÖFFEL GEMAHLENEN ZIMT UNTER DAS MEHL MISCHEN.

Mandel-Biscotti

115 weiche Butter
125 g Zucker
1 TL echter Vanillezucker
2 große, zimmerwarme Eier, verquirlt
275 g Weizenmehl
1 Prise Salz
1/2 TL Backpulver
100 g getrocknete weiche Cranberries
150 g geschälte Mandeln, grob gehackt

2 Backbleche, mit Backpapier belegt

ERGIBT ETWA 24 STÜCK

Den Backofen auf 180 °C vorheizen.

Butter, Zucker und Vanillezucker mit dem Handrührgerät oder Schneebesen zu einer schaumigen Masse schlagen. Dann die Eier nach und nach zugeben.

Mehl, Salz und Backpulver darübersieben und sorgfältig unterziehen. Sobald alles vermischt ist, Cranberries und Mandeln hinzufügen und zu einem weichen Teig verrühren.

Den Teig auf einer bemehlten Arbeitsfläche in zwei Teile schneiden. Je eine Hälfte mit gut bemehlten Händen auf ein Backblech setzen und zu einem etwa 26 x 9 cm großen Laib formen. Im heißen Ofen etwa 25 Minuten backen, bis der Teig goldgelb ist und fest zu werden beginnt.

Die Bleche aus dem Ofen nehmen und auf Drahtgittern 10 Minuten abkühlen lassen. Die Laibe mit einem Sägemesser (auf dem Blech) diagonal in etwa 1 cm dicke Scheiben schneiden. Diese mit der Schnittfläche auf die Bleche legen und weitere 10 Minuten backen, bis sie Farbe annehmen.

Die Bleche aus dem Ofen nehmen und auf Drahtgittern gut auskühlen lassen. Luftdicht verschlossen, hält sich das Gebäck etwa 3 Wochen.

DIE MÜRBEN, KNUSPRIGEN SCHOKOPLÄTZCHEN MIT SCHOKOLADENSTÜCKCHEN UND PEKANNÜSSEN PASSEN WUNDERBAR ZU EIS, ABER AUCH ZU ALLEN HEISSEN GETRÄNKEN.

Biscotti mit Schokostücken

3 große, zimmerwarme Eier
200 g heller Rohrzucker
fein abgeriebene Schale von 1 unbehandelten Orange
115 g Butter, zerlassen
325 g Weizenmehl
1 EL Backpulver
25 g ungezuckertes Kakaopulver
100 g Pekannusskerne, grob gehackt
100 g Bitterschokolade, grob gehackt
2 Backbleche, mit Backpapier belegt

ERGIBT ETWA 36 STÜCK

Den Backofen auf 180 °C vorheizen.

Eier, Zucker und Orangenschale mit dem Handrührgerät schaumig schlagen. Dann die Butter unterziehen.

Mehl, Back- und Kakaopulver darübersieben und gründlich unterrühren. Pekannüsse und Schokolade zugeben.

Alles gut vermischen, dann den Teig auf einer bemehlten Arbeitsfläche in zwei Teile schneiden. Je eine Hälfte mit gut bemehlten Händen auf ein Blech setzen und zu einem etwa 30 x 7 cm großen Laib formen. Die Laibe gehen im Ofen noch auf. 20–25 Minuten backen, bis sich der Teig fest anfühlt, wenn man daraufdrückt.

Die Bleche aus dem Ofen nehmen (Temperatur reduzieren) und Laibe auf den Blechen gut auskühlen lassen.

Danach den Ofen nochmals auf 180 °C vorheizen. Die Laibe mit einem Sägemesser diagonal in etwa 1 cm dicke Scheiben schneiden (auf dem Blech). Diese mit der Schnittfläche auf die Bleche legen und etwa 10 Minuten backen, bis sie knusprig sind.

Die Bleche aus dem Ofen nehmen und auf Drahtgittern vollständig auskühlen lassen. Luftdicht verpackt, hält sich das Gebäck 3 Wochen.

Süße Teilchen und Kuchen

IN DEN SAFTIGEN BROWNIES STECKEN ZWAR KEINE NÜSSE, ABER JEDE MENGE SCHOKOLADE. VERWENDEN SIE DAFÜR NUR ERSTKLASSIGE QUALITÄT – SIE GARANTIERT EIN INTENSIVES AROMA.

Schoko-Brownies

200 g Bitterschokolade, grob gehackt
100 g weiche Butter, in Stückchen
225 g Zucker
1/2 TL echter Vanillezucker
4 große, zimmerwarme Eier
60 g Weizenmehl
60 g ungezuckertes Kakaopulver
100 g weiße Schokolade, grob gehackt
eckige Backform (ca. 25 x 20 cm), gefettet, Boden mit Backpapier belegt

ERGIBT ETWA 24 STÜCKE

Den Backofen auf 180 °C vorheizen.

Die Bitterschokolade in eine Metallschüssel geben und auf einen Topf mit etwas siedendem Wasser setzen (der Schüsselboden darf das Wasser nicht berühren!). Schokolade schmelzen, dabei gelegentlich umrühren. Schüssel zum Abkühlen vom Topf nehmen.

Butter, Zucker und Vanillezucker mit einem Handrührgerät zu einer hellen, schaumigen Creme schlagen. Eier nach und nach zugeben, dabei kräftig weiterrühren.

Die flüssige Schokolade unterziehen. Mehl und Kakaopulver darübersieben und unterrühren.

Den Teig in die vorbereitete Backform füllen und gleichmäßig verstreichen. Anschließend die weißen Schokoladenstückchen darüberstreuen. Im vogeheizten Ofen etwa 20 Minuten backen. Am besten eine Garprobe machen: Ein Holzstäbchen in den Teig stecken – es darf kein Teig mehr am Stäbchen haften bleiben.

Den Kuchen in der Backform auf einem Drahtgitter vollständig auskühlen lassen, dann in 24 Stücke schneiden. Luftdicht verschlossen, halten sich die Brownies etwa 4 Tage.

ICH WERDE OFT NACH EINEM BROWNIE-REZEPT OHNE MEHL GEFRAGT. BEI DIESEM IST DER TEIG SEHR GEHALTVOLL UND SAFTIG. WUNDERBAR SCHMECKEN DIESE BROWNIES ZU VANILLEEIS. WIE VIELE SCHOKOLADENKUCHEN BÄCKT MAN SIE AM BESTEN EINEN TAG IM VORAUS.

Saftige Nuss-Brownies

300 g feine Bitterschokolade, grob gehackt

225 g Butter, in Stückchen

3 große, zimmerwarme Eier

225 g heller Rohrzucker

75 g gemahlene Mandeln

1 TL Backpulver

100 g Walnusskernstücke

eckige Backform (ca. 25 x 20 cm), gefettet, Boden mit Backpapier belegt

ERGIBT ETWA 24 STÜCKE

Den Backofen auf 180 °C vorheizen.

Schokolade und Butter in eine Metallschüssel geben und auf einen Topf mit etwas siedendem Wasser setzen (der Schüsselboden darf das Wasser nicht berühren!). Zutaten schmelzen, dabei gelegentlich umrühren. Schüssel zum Abkühlen vom Topf nehmen.

Eier und Zucker in eine Rührschüssel geben, mit dem Handrührgerät etwa 3 Minuten zu einer hellen, schaumigen Creme aufschlagen.

Die flüssige Schokolademischung mit einem großen Metalllöffel darunterheben. Mandeln mit dem Backpulver mischen, ebenfalls unterziehen, zum Schluss die Walnüsse zugeben.

Den Teig in die Backform füllen und gleichmäßig verstreichen. Im Ofen etwa 40 Minuten backen, bis sich der Kuchen fest anfühlt und kein Teig mehr bei der Holzstäbchenprobe in der Mitte des Kuchens haften bleibt.

Die Backform auf einem Drahtgitter gut auskühlen lassen. Anschließend den Kuchen in 24 Stücke schneiden. Das Aroma wird noch intensiver, wenn man den Kuchen im Ganzen in Alufolie wickelt und vor dem Aufschneiden 1 Tag ruhen lässt. Luftdicht verschlossen, hält er sich 5 Tage.

DIESE TEILCHEN SIND EINE GUTE ALTERNATIVE ZUM GROSSEN WEIHNACHTSKUCHEN. SIE VERSTRÖMEN EINEN WUNDERBAREN DUFT UND ENTHALTEN WENIG FETT UND KEINE EIER. TROCKENFRÜCHTE, CIDRE UND GEWÜRZE MACHEN SIE SAFTIG UND AROMATISCH. VOR DEM SERVIEREN WERDEN SIE MIT PUDERZUCKER BESTÄUBT.

Cidre-Fruchtschnitten

50 g Butter
200 g heller Rohrzucker
100 g Rosinen
100 g Sultaninen
50 g Trockenaprikosen, grob gewürfelt
175 ml Cidre brut (5 % Alkoholgehalt)
1 TL Lebkuchengewürz
1 TL gemahlener Ingwer
225 g feines Vollkornmehl
2 TL Backpulver
1 Prise Salz
Puderzucker zum Bestäuben

eckige Backform (ca. 25 x 20 cm), gefettet, Boden mit Backpapier belegt

ERGIBT ETWA 24 STÜCKE

Butter, Zucker, Rosinen, Sultaninen, Aprikosen, Cidre, Lebkuchengewürz, Ingwer und 175 ml Wasser in einen großen Kochtopf geben. Alles aufkochen lassen, dabei häufig rühren. Die Hitze reduzieren und das Ganze 2 Minuten köcheln lassen.

Den Topf vom Herd nehmen und die Mischung abkühlen lassen. Inzwischen den Backofen auf 180 °C vorheizen.

Mehl, Backpulver und Salz in den Topf sieben, alle Zutaten mit einem Holzlöffel gründlich verrühren.

Den Teig in die vorbereitete Backform füllen und glatt streichen. Im vorgeheizten Ofen etwa 25 Minuten goldbraun backen.

Form aus dem Ofen nehmen und auf einem Drahtgitter auskühlen lassen. Der Kuchen schmeckt am besten, wenn man ihn zugedeckt über Nacht ruhen lässt. Danach in 24 Quadrate schneiden und Fruchtschnitten mit etwas Puderzucker bestäuben. Luftdicht verpackt, halten sie sich 1 Woche.

ZITRONENECKEN ODER -SCHNITTEN KOMMEN IMMER GUT AN. ZU WEIHNACHTEN MACHE ICH GERN DIESE ETWAS REICHHALTIGERE FRANZÖSISCHE VARIANTE, FÜR DIE ICH CRÈME DOUBLE STATT MEHL FÜR DEN BELAG VERWENDE. DIE TEILCHEN SIND SCHNELL UND LEICHT HERZUSTELLEN.

Zitronenecken

Für den Boden

150 g Weizenmehl

4 EL Puderzucker

fein abgeriebene Schale von 1/2 unbehandelten Zitrone

115 g kalte Butter, in Stückchen

Für den Belag

3 große, zimmerwarme Eier

175 g Puderzucker, gesiebt, plus eine kleine Menge zum Bestäuben

fein abgeriebene Schale von 2 unbehandelten Zitronen

frisch gepresster Saft von 4 Zitronen

125 g Crème double

quadratische Backform (ca. 20 x 20 cm), mit Alufolie ausgekleidet

ERGIBT ETWA 12 STÜCK

Den Backofen auf 180 °C vorheizen.

Für den Boden Mehl, Puderzucker und Zitronenschale in der Rührschüssel einer Küchenmaschine einige Sekunden mischen. Die Butter dazugeben und alles zu einem krümeligen Teig verarbeiten.

Die Masse in die Backform geben und mit den Fingern zu einer gleichmäßigen Schicht glatt drücken. Im Ofen etwa 25 Minuten backen, bis der Boden goldgelb ist. Boden in der Form auskühlen lassen. In der Zwischenzeit den Belag vorbereiten.

Dazu die Eier in einer großen Schüssel mit einem Schneebesen verquirlen. Puderzucker dazugeben und gründlich unterrühren. Zitronenschale und –saft zugeben, dann die Crème double und alles glatt rühren.

Belag in die Backform geben. Hitze auf 160 °C reduzieren. Kuchen etwa 25 Minuten backen, bis die Masse fest ist.

Die Form auf einem Drahtgitter gut auskühlen lassen, abdecken und über Nacht kühl stellen. Den Kuchen mithilfe der Folie aus der Form heben und in 12 Stücke schneiden. In einem luftdicht verschließbaren Behältnis hält sich das Gebäck 3 Tage im Kühlschrank.

SCHOKOLADENGENUSS PUR – DIESER KUCHEN KANN ZUM KAFFEE ODER MIT SCHLAGSAHNE ALS DESSERT SERVIERT WERDEN. ER WIRD NICHT GEBACKEN, SONDERN WIE EINE CREME HERGESTELLT: FEINSTE BITTERSCHOKOLADE WIRD MIT BUTTER GESCHMOLZEN, MIT EIERN UND ZUCKER GEMISCHT UND MIT COGNAC (ODER WALNUSSLIKÖR), GERÖSTETEN WALNÜSSEN UND GETROCKNETEN CRANBERRIES VERFEINERT.

Schoko-Cognac-Kuchen

250 g Bitterschokolade, grob gehackt

250 g Butter, in Stückchen

250 g Vollkornkekse

2 große, zimmerwarme Eier

4 EL Zucker

150 g Walnusskernhälften, leicht geröstet

100 g getrocknete Cranberries

4 EL Cognac oder Walnusslikör

Kakaopulver, zum Bestäuben

Springform (22 cm Ø), mit Frischhaltefolie ausgekleidet

ERGIBT ETWA 16 STÜCK

Schokolade und Butter in eine Metallschüssel geben und auf einen Topf mit etwas siedendem Wasser setzen (der Schüsselboden darf das Wasser nicht berühren!). Zutaten schmelzen, gelegentlich umrühren. Schüssel zum Abkühlen vom Topf nehmen. Die Kekse mit dem Nudelholz oder in der Küchenmaschine grob zerkrümeln.

Eier und Zucker mit dem Handrührgerät sehr steif schlagen. Dann vorsichtig die Schokomischung unterheben.

100 g der Walnusskernhälften grob hacken und mit Cranberries, Cognac und Kekskrümeln unter die Masse ziehen.

Den Teig in die Springform füllen und glatt streichen. Mit den restlichen Walnusshälften belegen und mit Frischhaltefolie abgedeckt mindestens 4 Stunden oder über Nacht kühl stellen.

Den Kuchen aus der Form nehmen. Mit Kakaopulver bestäuben und vor dem Servieren in schmale Stücke schneiden. Luftdicht verpackt, hält er sich im Kühlschrank bis zu 1 Woche.

DAS SCHWEDISCHE LUCIAFEST AM 13. DEZEMBER HAT EINE LANGE GESCHICHTE. HIER VERMISCHEN SICH RITUALE DES HEIDNISCHEN WINTERSONNWENDFESTS UND DES NIKOLAUSFESTS MIT EINER MODERNEN LICHTERFEIER. SAFRAN GIBT DEM KUCHEN DIE GOLDGELBE, SYMBOLISCHE FARBE UND VERLEIHT IHM EIN FEINES AROMA. ER WIRD MIT SCHLAGSAHNE UND EINGELEGTEN FRÜCHTEN SERVIERT (SIEHE S. 92).

Safrankuchen

125 ml Milch
225 g Butter
1 TL Safranfäden
2 große, zimmerwarme Eier
200 g brauner Zucker
225 g Weizenmehl
2 TL Backpulver
Puderzucker zum Bestäuben

Springform (22–23 cm Ø), gefettet, Boden mit Backpapier belegt und mit Semmelbröseln oder gemahlenen Mandeln bestreut

ERGIBT EINEN MITTELGROSSEN KUCHEN

Butter in der Milch erhitzen, bis sie geschmolzen ist und die Milch simmert, aber nicht kocht. Topf vom Herd nehmen und den Safran einstreuen. Zugedeckt 1 Stunde ziehen lassen.

Den Backofen auf 180 °C vorheizen.

Die Eier in einer Schüssel mit dem Handrührgerät verquirlen. Dann den Zucker zugeben und das Ganze zu einer hellen, dickschaumigen Creme aufschlagen.

Die lauwarme Safranmilch vorsichtig unterrühren. Mehl und Backpulver darübersieben und mit einem großen Metalllöffel langsam unterziehen. Die Masse scheint zuerst gerinnen zu wollen, verbindet sich jedoch gleich wieder.

Den Teig in die vorbereitete Springform füllen und im Ofen etwa 35–40 Minuten backen. Der Kuchen sollte goldbraun sein und sich leicht vom Springformrand lösen.

Springform öffnen und Kuchen auf einem Drahtgitter auskühlen lassen. Mit Puderzucker bestreuen. Luftdicht verschlossen, hält er etwa 4 Tage. Der Kuchen eignet sich nicht zum Einfrieren.

DIESER GEHALTVOLLE ZITRONENKUCHEN WIRD MIT PEKANNÜSSEN UND GETROCKNETEN CRANBERRIES HERGESTELLT. EINE WUNDERBARE DEKORATION FÜR DEN FESTTAGSKUCHEN SIND FRISCHE CRANBERRIES, DIE IN VERQUIRLTES EIWEISS GETAUCHT UND DANN IN ZUCKER GEWÄLZT WERDEN. LASSEN SIE SIE EINEN TAG AUF BACKPAPIER TROCKNEN.

Zitronenkuchen mit Nüssen

200 g Pekannusskernhälften

200 g getrocknete Cranberries

200 g Weizenmehl

225 g weiche Butter

200 g Zucker

fein abgeriebene Schale und Saft von 1 unbehandelten Zitrone

4 große, zimmerwarme Eier, getrennt

1 Prise Salz

1 TL Backpulver

Puderzucker zum Bestäuben

gezuckerte Cranberries (nach Belieben), siehe oben

Bänder zum Dekorieren

Springform (22 cm Ø), gefettet und Boden mit Backpapier belegt

ERGIBT EINEN MITTELGROSSEN KUCHEN

Den Backofen auf 150 °C vorheizen.

Pekannüsse und Cranberries in einer Schüssel mit einigen Esslöffeln Mehl kräftig verrühren und beiseitestellen.

Die Butter mit dem Handrührgerät sehr weich rühren. Zucker und Zitronenschale hinzugeben und schaumig schlagen. Die Eigelbe einzeln unterrühren, dann den Zitronensaft zufügen.

Restliches Mehl, Salz und Backpulver darübersieben, mit einem großen Metalllöffel vorsichtig unterheben. Nuss-Cranberry-Mischung hinzufügen, alles gut verrühren.

Das Eiweiß in einer fettfreien Schüssel steif schlagen. Dann in drei Portionen unter den Teig ziehen.

Teig in die Springform füllen und glatt streichen. Im Ofen etwa 75 Minuten backen, bis der Kuchen goldbraun ist und bei der Probe mit Holzstäbchen kein Teig mehr daran haften bleibt (andernfalls noch etwa 5 Minuten backen und die Probe wiederholen). Den Kuchen auf einem Drahtgitter gut auskühlen lassen, anschließend aus der Form nehmen. Kuchen in Backpapier einwickeln und vor dem Anschneiden mindestens 24 Stunden in einem luftdicht verschließbaren Behältnis aufbewahren. Mit Puderzucker bestreuen (dazu kann man eine Stern- oder Baumschablone verwenden) und mit einem Band und gezuckerten Cranberries dekorieren (siehe oben). Der Zitronenkuchen hält sich etwa 2 Wochen oder eingefroren bis zu 1 Monat.

WENN SIE WARME BRIOCHES ZUM FRÜHSTÜCK SERVIEREN MÖCHTEN, KÖNNEN SIE DEN TEIG SCHON AM VORABEND ZUBEREITEN UND FORMEN, DAMIT ER AM NÄCHSTEN MORGEN BACKFERTIG IST. HEFETEIG SOLLTE DREIMAL GEHEN, ABER ES GIBT AUCH EINE SCHNELLERE VARIANTE.

Schokoladen-Brioches

500 g Weizenmehl, Type 550
1 Packung Trockenhefe
1 TL Salz
175 g Butter, in Stückchen
50 g Zucker
3 große, zimmerwarme Eier
150 ml lauwarme Milch
100 g Bitterschokolade, grob gehackt
1 verquirltes Ei, zum Glasieren
Muffinblech mit 12 Mulden (je 125 ml), leicht gefettet

ERGIBT ETWA 12 STÜCK

Mehl, Hefe und Salz in einer Rührschüssel von Hand mischen. Butter mit den Fingern einarbeiten, sodass eine bröselige Masse entsteht. Zucker untermischen. Eier unter die Milch rühren und über die Mehlmischung gießen. Alle Zutaten mit den Knethaken des Handrührgeräts bei niedriger Geschwindigkeitsstufe zu einem schweren, klebrigen Teig rühren. Teig mit einem Schaber von der Schüsselwand lösen, dann nochmals 5 Minuten verkneten, bis der Hefeteig glatt und weich ist und glänzt. Falls Sie kein Rührgerät haben, mischen Sie die Zutaten wie oben und kneten den Teig von Hand. Dann zugedeckt bei Zimmertemperatur (jedoch nicht zu warm) etwa 1 1/2–2 Stunden gehen lassen, bis er sein Volumen verdoppelt hat.

Teig auf einer leicht bemehlten Arbeitsfläche glatt schlagen. Schokolade hinzufügen und etwa 1 Minute einkneten. Teig in 12 Portionen teilen. Von jeder ein haselnussgroßes Stück abstechen und dieses zu einer kleinen Kugel rollen. Restliche Portion jeweils zu einer großen Kugel formen und in die Muffinmulden legen. In die Mitte eine kleine Vertiefung mit dem bemehlten Zeigefinger hineindrücken und die kleine Teigkugel daraufsetzen. Muffinblech in eine große, saubere Plastiktüte schieben. Diese verschließen (Luft darin lassen) und den Teig etwa 1 Stunde in einem warmen Raum oder über Nacht im Kühlschrank gehen lassen, bis sich das Volumen verdoppelt hat.

Wenn der Teig gegangen ist, den Backofen auf 200 °C vorheizen.

Das Blech aus der Tüte nehmen und die Brioches leicht mit Ei bestreichen. Brioches im Ofen 18–20 Minuten goldbraun backen. 1 Minute abkühlen lassen. Dann das Gebäck auf ein Kuchengitter legen und etwas abkühlen lassen, warm essen. Die Brioches können auch, luftdicht verschlossen, bis zu 3 Tage aufbewahrt werden. Eingefroren halten sie sich bis zu 1 Monat.

AN FEIERTAGSWOCHENENDEN SIND DIESE NUR LEICHT GESÜSSTEN MUFFINS MIT FRISCHEN ODER TIEFGEKÜHLTEN CRANBERRIES IDEAL ZUM BRUNCH ODER FRÜHSTÜCK. DAFÜR BRAUCHT MAN MINI-FÖRMCHEN.

Früchte-Mini-Muffins

150 g Weizenmehl

1 TL Backpulver

1 Prise Salz

50 g Zucker

fein abgeriebene Schale von 1/2 unbehandelten Orange

50 g Pekannusskerne, grob gehackt, plus 2 EL für die Dekoration

1 1/2 EL Rosinen

50 g frische oder TK-Cranberries (müssen nicht aufgetaut werden)

1 großes Ei, verquirlt

50 g Butter, zerlassen

75 ml Milch

Puderzucker zum Bestäuben

Antihaft-Mini-Muffinbleche oder gefettete Alu-Förmchen, auf ein Backblech gestellt

ERGIBT ETWA 30 STÜCK

Den Backofen auf 180 °C vorheizen.

Mehl, Backpulver und Salz in eine Rührschüssel sieben. Dann Zucker, Orangenschale, Pekannüsse und Rosinen hinzufügen.

Die Cranberries in einer Küchenmaschine grob hacken und unter die Mehlmischung rühren.

Ei, Butter und Milch verrühren und mit einem Holzlöffel ebenfalls unter die Mischung ziehen.

Den Teig mit zwei Teelöffeln auf die Mulden verteilen und mit den gehackten Nüssen verzieren. Muffins im vorgeheizten Ofen 12–15 Minuten goldgelb backen.

Muffins auf ein Kuchengitter stürzen, mit Puderzucker bestäuben und warm servieren. Ausgekühlt und luftdicht verpackt, können sie mindestens 2 Tage aufbewahrt werden.

DIE KLEINEN MUFFINS SIND TOLLE SNACKS FÜR PARTYS, BRUNCHES UND FÜRS BÜRO. MAN KANN SIE PUR ESSEN ODER MIT PUDERZUCKER, SPRITZGLASUR (SIEHE S. 15 UND 16), NÜSSEN ODER SCHOKOSTÜCKCHEN VERZIEREN. BESONDERS EFFEKTVOLL SEHEN TRÖPFCHEN AUS HELLER SCHOKOLADE AUS.

Mini-Schokomuffins

50 g weiche Butter

50 g Zucker

1 großes Ei, verquirlt

125 g saure Sahne

50 g Schokotröpfchen aus weißer Schokolade, Bitter- oder Vollmilchschokolade, plus einige helle Tröpfchen für die Dekoration

125 g Weizenmehl

25 g ungezuckertes Kakaopulver

1 TL Backpulver

1 Prise Salz

Puderzucker, zum Bestäuben

Antihaft-Mini-Muffinbleche oder gefettete Alu-Förmchen, auf ein Backblech gestellt

ERGIBT ETWA 30 STÜCK

Den Backofen auf 180 °C vorheizen.

Butter und Zucker in einer Schüssel mit dem Handrührgerät cremig schlagen, dann das Ei zugeben. Saure Sahne und Schokotröpfchen hinzufügen und alles gut vermengen.

Mehl mit Kakao- und Backpulver und Salz darübersieben und untermischen, jedoch nicht zu lange rühren.

Den Teig mit zwei Teelöffeln auf die Muffinförmchen verteilen und mit hellen Schokotröpfchen dekorieren. Im vorgeheizten Ofen 12–15 Minuten backen.

Schokomuffins auf einem Kuchengitter auskühlen lassen und mit Puderzucker bestäubt servieren. Luftdicht verpackt, halten sie sich etwa 2 Tage.

KINDER WERDEN BEGEISTERT SEIN, WENN SIE DIESES WÜRZIGE GEBÄCK MIT ZUCKERGUSS-STIFTEN VERZIEREN DÜRFEN. DIE KLEINEN MUFFINS KÖNNEN HÜBSCH VERPACKT AN FREUNDE VERSCHENKT WERDEN.

Pfefferkuchen-Muffins

100 g Butter
2 EL dunkler Zuckerrübensirup
2 EL Honig
100 g dunkler Rohrzucker
100 ml Milch
175 g Weizenmehl
1 TL Backpulver
1 EL gemahlener Ingwer
1 TL gemahlener Zimt
1 Prise Salz
1 großes Ei, verquirlt
50 g in Sirup eingelegter Ingwer, abgetropft, fein gehackt

Für die Dekoration

Eiweiß- oder Zuckerglasur oder Zuckerguss-Stifte

Antihaft-Mini-Muffinbleche oder gefettete Alu-Förmchen, auf ein Backblech gestellt

ERGIBT ETWA 36 STÜCK

Den Backofen auf 180 °C vorheizen.

Butter, Sirup, Honig, Zucker und Milch bei schwacher Hitze in einem Topf erhitzen, bis die Butter geschmolzen ist. Topf vom Herd nehmen und einige Minuten abkühlen lassen.

Inzwischen Mehl, Backpulver, gemahlenen Ingwer, Zimt und Salz in eine Rührschüssel sieben. Die abgekühlte Mischung darübergießen, Ei zugeben und gründlich verrühren. Zum Schluss den gehackten Ingwer zufügen.

Den Teig mit zwei Teelöffeln auf die Muffinförmchen verteilen. Muffins im vorgeheizten Ofen 15 Minuten backen.

Muffins auf einem Kuchengitter auskühlen lassen, dann mit Glasur verzieren. Luftdicht verschlossen, hält sich das Gebäck etwa 3 Tage.

DAS KARAMELLKONFEKT MIT SCHOKOLADE IST SCHNELL UND EINFACH ZUBEREITET UND BESITZT EIN KÖSTLICHES AROMA. DAMIT ZAUBERN SIE IM NU EIN LÄCHELN AUF DAS GESICHT JEDES BESCHENKTEN.

Karamellkonfekt

100 g Bitterschokolade, grob gehackt

55 g Butter, in Stückchen

2 EL Schlagsahne

1 TL Vanillezucker oder dunkler Rum

1 EL heller Zuckerrübensirup

225 g Puderzucker, gesiebt

flache eckige Backform (ca. 18 x 18 cm), gefettet

ERGIBT ETWA 20 STÜCK

Schokolade und Butter in eine Metallschüssel geben und auf einen Topf mit etwas siedendem Wasser setzen (der Schüsselboden darf das Wasser nicht berühren!). Masse schmelzen und gelegentlich umrühren. Schüssel vom Topf nehmen, vorsichtig die Sahne, dann den Vanillezucker und zum Schluss den Sirup unterziehen.

Puderzucker esslöffelweise untermischen, sodass eine feste, glatte Masse entsteht, eventuell mit den Händen verkneten. Falls die Masse hart wird, bevor der ganze Zucker eingearbeitet ist, die Schüssel etwa 1 Minute auf den Topf mit heißem Wasser stellen.

Die Karamellmasse auf dem Blech glatt streichen. Masse kühl stellen, bis sie fest ist. Aus der Form stürzen und mit einem scharfen Messer in kleine Quadrate schneiden. Im Kühlschrank hält sich das Konfekt etwa 10 Tage.

DIESES REZEPT IST GERADEZU EIN MUSS FÜR WEIHNACHTEN. ENTWEDER WÄLZT MAN DIE TRÜFFEL NUR IN KAKAO, ODER MAN DEKORIERT SIE MIT ROTEM UND GRÜNEM ZUCKERGUSS (IM FACHHANDEL GIBT ES AUCH FERTIGEN FONDANT ZUM AUSROLLEN). MAN KANN SIE AUCH MIT EIWEISSGLASUR (SIEHE S. 15) VERZIEREN. DURCH EINEN SCHUSS WEINBRAND ODER RUM WERDEN DIE PRALINEN KÖSTLICH AROMATISIERT.

Weihnachtstrüffel

200 g Bitterschokolade, grob gehackt

125 g Schoko-Biskuitkuchenkrümel, evtl. von einem fertigen Tortenboden

60 g gemahlene Mandeln

Kakaopulver, zum Bestäuben

Pralinenförmchen oder Mini-Muffinförmchen aus Alufolie

Die Schokolade in eine Metallschüssel geben und auf einen Topf mit etwas siedendem Wasser setzen (der Schüsselboden darf das Wasser nicht berühren!). Masse schmelzen und gelegentlich umrühren, dann die Schüssel vom Topf nehmen.

Kuchenkrümel und Mandeln unterrühren und alles gut vermischen. Die Schüssel zugedeckt 30 Minuten kühl stellen, bis die Masse fest ist. Sie hält sich, gut verschlossen, bis zu 3 Tage im Kühlschrank.

Von der Schokoladenmasse teelöffelgroße Portionen abnehmen und zwischen den Handflächen zu Kugeln rollen. Trüffel in einer kleinen Schüssel mit Kakaopulver wälzen, bis sie gleichmäßig überzogen sind. Dann in die Förmchen setzen und auskühlen lassen, bis die Pralinen fest sind. In fest schließenden Dosen kühl aufbewahrt, halten sie sich etwa 1 Woche.

Pikante Knabbereien

BEI EINEM DIESER WÜRZIGEN KRÄCKER WIRD ES NICHT BLEIBEN, DENN DIE KEKSE SIND DELIKAT UND PASSEN GENAUSO GUT ZU PARTYDRINKS WIE AUCH ZU SUPPEN. DAS REZEPT STAMMT VON ALYSON COOK, DEM PARTYSERVICE FÜR HOLLYWOODSTARS.

Kräuter-Käse-Kräcker

85 g Parmesan oder Grana Padano, gerieben

130 g Weizenmehl

110 g kalte Butter, in Stückchen

1/2 TL getrocknete Kräuter der Provence

1/2 TL Worcestershiresauce

2 EL Weißwein (nach Belieben)

Backbleche, mit Backpapier belegt

ERGIBT 50–60 STÜCK

Alle Zutaten in der Schüssel einer Küchenmaschine verrühren, bis ein fester Teig entsteht.

Den Teig herausnehmen und auf Backpapier zu einer Rolle (etwa 30 x 2,5 cm) formen. Anschließend in Frischhaltefolie wickeln und etwa 2 Stunden kühl stellen. So kann der Teig bis zu 4 Tage im Kühlschrank aufbewahrt werden.

Den Backofen auf 190 °C vorheizen.

Die Rolle in 5 mm dicke Scheiben schneiden und mit genügend Abstand auf die Bleche setzen. Kräcker im vorgeheizten Ofen 12–15 Minuten backen, bis sie goldgelb sind.

Gebäck 2 Minuten auf den Blechen ruhen lassen, dann auf einem Kuchengitter vollständig auskühlen lassen. Luftdicht verschlossen, halten sich die Kräcker 5 Tage, eingefroren bis zu 1 Monat.

DIESES AUSGESPROCHEN DEKORATIVE GEBÄCK AUS FRANKREICH IST GANZ EINFACH HERZUSTELLEN. ES BESTEHT AUS BLÄTTERTEIG, DER MIT KÄSE GEFÜLLT WIRD. VERWENDEN SIE NUR BUTTER-BLÄTTERTEIG – ER GEWÄHRLEISTET EIN EXZELLENTES AROMA UND LUFTIGE KNUSPRIGKEIT.

Käse-Schweinsohren

100 g Parmesan oder Grana Padano, fein gerieben

375 g Blätterteig (mit Butter), frisch oder bereits aufgetaut

1 EL Dijon-Senf

1/2 TL edelsüßes Paprikapulver

1/4 TL Cayennepfeffer oder frisch gemahlener schwarzer Pfeffer

Backbleche, mit Backpapier belegt

ERGIBT ETWA 36 STÜCK

Die Arbeitsfläche mit etwas Käse bestreuen und den Blätterteig vorsichtig darauflegen oder auf ein Rechteck von etwa 23 x 38 cm Größe ausrollen. Den Senf mit einem Palettenmesser auf den Teig streichen. Den restlichen Käse mit Paprikapulver und Pfeffer mischen und über den Teig streuen.

Nun den Teig falten – er soll zum Schluss einem Palmblatt ähneln –, aber nicht zu fest, da er sonst im Ofen nicht aufgeht. Dazu beide Längsseiten so zusammenklappen, dass sie in der Mitte zusammenstoßen. Die Teigplatte noch einmal zur Mitte hin einschlagen, sodass jeweils vier Schichten übereinanderliegen. Dann mit einem scharfen Messer von der Rolle etwa 1 cm dicke Scheiben abschneiden. Mit genügend Abstand auf die Bleche legen und die beiden Hälften der „U-Form“ leicht geöffnet lassen, damit der Teig aufgehen kann.

Bleche mit Teig 15 Minuten kühl stellen. Inzwischen den Backofen auf 220 °C vorheizen.

Den Blätterteig 8–10 Minuten backen, bis er aufgegangen und goldbraun ist. Gebäck auf einem Kuchengitter auskühlen lassen. Luftdicht verschlossen, hält es sich einige Tage. Die Schweinsohren können vor dem Servieren bei niedriger Temperatur nochmals kurz aufgebacken werden.

Süße Schweinsohren – Die Arbeitsfläche mit Zucker bestreuen und den Blätterteig darauflegen oder ausrollen. Den Teig mit einer Mischung aus 3 Esslöffel Zucker und 1 Teelöffel gemahlenem Zimt bestreuen und 2 Esslöffel fein gehackte Pekannusskerne darüber verteilen. Nüsse leicht eindrücken. Den Teig wie oben falten und in Scheiben schneiden, kühlen und backen. Vorsicht: Dieses Gebäck bräunt schneller als das mit Käse!

DAS KNUSPRIGE BRANDTEIGGEBÄCK ERHÄLT SEIN PIKANTES AROMA DURCH GRUYÈRE. AUFGEPEPPT MIT CHILI, SCHMECKT ES HERVORRAGEND ZU WEIN ODER ZUM APERITIV. MAN KANN ES EINEN TAG IM VORAUS BACKEN UND VOR DEM SERVIEREN KURZ AUFWÄRMEN.

Chili-Käse-Windbeutel

75 g Butter, in Stückchen

1/4 TL Salz

1/4–1/2 TL rote zerstoßene Chilischoten, nach Belieben

100 g Weizenmehl

3 große Eier, verquirlt

125 g Gruyère, fein gewürfelt, plus 25 g Gruyère, fein gerieben

Backbleche, gefettet und mit Wasser bestrichen

ERGIBT ETWA 40 STÜCK

Butter, Salz, Chilischoten und 185 ml Wasser in einer großen Pfanne langsam erhitzen, bis die Butter geschmolzen ist. Dann das Ganze kurz aufkochen lassen. Die Pfanne vom Herd nehmen und das Mehl einrühren. Die Mischung mit einem Holzlöffel kräftig schlagen. Sie sieht anfangs wie geronnen aus, verbindet sich durch das Schlagen jedoch in kürzester Zeit zu einem glatten, glänzenden Teig. Die Pfanne auf den Herd zurückstellen und den Teigkloß bei schwacher Hitze 1 Minute rühren. Teig in einer Schüssel auskühlen lassen.

Den Backofen auf 220 °C vorheizen.

Eier nach und nach mit einem Rührlöffel unter den abgekühlten Teig ziehen, kräftig weiterrühren. Käse zugeben.

Teelöffelgroße Portionen vom Teig abstechen und mit genügend Abstand auf die vorbereiteten Backbleche setzen. Den Brandteig mit dem geriebenen Gruyère bestreuen und im Backofen etwa 10–15 Minuten goldbraun backen.

Windbeutel auf einem Kuchengitter auskühlen lassen. Luftdicht verschlossen, kann man sie etwa 3 Tage aufbewahren. Gebäck vor dem Servieren im Ofen kurz aufwärmen.

GERÄUCHERTES PAPRIKAPULVER VERLEIHT DIESEN PIKANTEN WALNUSSKRÄCKERN EINEN FASZINIERENDEN GESCHMACK. FALLS SIE ES NICHT BEKOMMEN, ERSETZEN SIE ES DURCH GROB GEMAHLENEN SCHWARZEN PFEFFER ODER EINE KLEINE PRISE CAYENNEPFEFFER.

Walnusskräcker

100 g Weizenmehl

100 g kalte Butter, in Stückchen

1/2 TL geräuchertes, edelsüßes Paprikapulver

100 g Parmesan oder Grana Padano, fein gerieben

100 g Walnusskernstückchen

1 großes Eigelb

1–2 Backbleche, leicht gefettet

ERGIBT ETWA 20 STÜCK

Mehl, Butter, Paprikapulver und Käse in die Rührschüssel einer Küchenmaschine geben und zu einer feinbröseligen Masse verrühren. Walnüsse und Eigelb hinzufügen und zu einem festen Teig verkneten, zu einer Kugel formen.

Diese mit bemehlten Händen zu einem rechteckigen Block (etwa 13 x 6 x 4,5 cm) formen. In Frischhaltefolie wickeln und etwa 30 Minuten kühl stellen. So kann der Teig bis zu 3 Tage im Kühlschrank aufbewahrt werden.

Backofen auf 190 °C vorheizen.

Den Block mit einem scharfen Messer in 20 gleich große Scheiben schneiden. Anschließend mit genügend Abstand auf die Bleche legen und im Backofen 12–15 Minuten backen, bis die Kräcker goldbraun sind.

Bleche aus dem Ofen nehmen, auf Drahtgittern gut auskühlen lassen, erst dann die Kräcker vom Blech lösen. In einem luftdicht verschlossenen Behältnis hält sich das Gebäck 3 Tage.

VON HAND GEROLLTE GRISSINI SIND SCHÖNER UND SCHMECKEN BESSER ALS DAS GEBÄCK AUS DEM SUPERMARKT. SERVIEREN SIE SIE BEI PARTYS IN HOHEN GLÄSERN ZU DIPS, AUFSTRICHEN UND WEICHKÄSE. DER TEIG IST GRUNDLAGE FÜR DREI VERSCHIEDENE GESCHMACKSRICHTUNGEN.

Grissini

500 g Weizenmehl, Type 550
1 Packung Trockenhefe
2 TL Meersalz
275 ml lauwarmes Wasser
4 EL Olivenöl
25 g Parmesan oder Grana Padano, gerieben
2 EL Sesamsaat
25 g entsteinte schwarze Oliven, gehackt
Backbleche, leicht gefettet

ERGIBT ETWA 36 STÜCK

Mehl, Hefe und Salz in einer großen Rührschüssel mischen. Eine Vertiefung in die Mitte hineindrücken und Wasser sowie Öl hineingießen. Die Zutaten mit den Knethaken des Rührgerätes auf niedriger Stufe zu einem festen Teig verarbeiten. Nach Bedarf etwas mehr Wasser oder Mehl zugeben.

Den Teig auf einer leicht bemehlten Arbeitsfläche 10 Minuten mit der Hand oder 5 Minuten im Gerät kneten, bis er elastisch ist.

Dann den Hefeteig in drei Portionen teilen. Die Hälfte des Parmesans unter eine Teigportion, die Hälfte des Sesams unter die zweite und alle gehackten Oliven unter die dritte Portion kneten.

Jede Teigportion in einer separaten Schüssel zugedeckt an einem warmen Ort etwa 1 Stunde gehen lassen, bis sich das Volumen verdoppelt hat.

Backofen auf 230 °C vorheizen.

Die Teigportionen kräftig schlagen, dann auf einer leicht bemehlten Arbeitsfläche 30 Sekunden kneten. Die Teige in jeweils 12 gleich große Stücke teilen und zu etwa 30 cm langen, dünnen Rollen formen. Mit genügend Abstand auf die Bleche legen und leicht mit Wasser bestreichen. Den restlichen Käse und Sesam über die jeweiligen Grissini streuen. Die Oliven-Grissini bleiben pur. Grissini etwa 15 Minuten goldbraun backen.

Grissini auf einem Kuchengitter auskühlen lassen. Luftdicht verschlossen, halten sie sich mindestens 4 Tage. Vor dem Servieren kurz aufbacken, damit sie wieder knusprig werden.

Pikante Nüsse

WENN SIE DIE NÜSSE SELBST ZUBEREITEN, KÖNNEN SIE SIE NACH IHREM GESCHMACK AROMATISIEREN. ABGESEHEN DAVON, DASS SIE WUNDERBAR FRISCH UND KNACKIG SIND, KÖNNEN SIE SELBST ENTSCHEIDEN, WAS SICH DARIN BEFINDET. MISCHEN SIE NACH BELIEBEN CASHEWKERNE, MANDELN, PEKAN-, HASEL- UND WALNÜSSE.

2 EL Olivenöl

350 g gemischte ungesalzene Nüsse

1 EL heller Rohrzucker

1 EL japanische Sojasauce

1/4–1/2 TL Cayennepfeffer

1/4–1/2 TL frisch gemahlener schwarzer Pfeffer

1/2 TL geräuchertes, edelsüßes Paprikapulver (ersatzweise normales Paprikapulver)

FÜR ETWA 8 PERSONEN

Öl in einer beschichteten Pfanne erhitzen und Nüsse darin kurz anrösten. Übrige Zutaten zugeben und bei mittlerer Hitze etwa 5 Minuten pfannenrühren, bis die Nüsse goldbraun sind.

Nüsse in einer Schale auskühlen lassen und möglichst am gleichen Tag servieren. Luftdicht verpackt, halten sich die Nüsse 2 Tage.

Marinierte Oliven

OLIVEN, KÖSTLICH EINGELEGT, EIGNEN SICH ALS ANTIPASTI, PASSEN ZU DRINKS ODER AUF PIZZAS UND IN SALATE. DAS AROMATISIERTE ÖL KANN SPÄTER FÜR DRESSINGS UND MARINADEN VERWENDET WERDEN.

250 g frische schwarze Oliven

2 Knoblauchzehen, in dünne Scheiben geschnitten

2 Zweige Rosmarin

2 Zweige Thymian

2 Zweige Oregano

Schale von 1 unbehandelten Zitrone, in Streifen geschnitten

kalt gepresstes Olivenöl, zum Bedecken

1 sterilisiertes Einmachglas mit Schraubdeckel (siehe Seite 4)

FÜR ETWA 8 PERSONEN

Oliven waschen und gut abtropfen lassen.

Knoblauch, Kräuter und Zitronenstreifen mit etwa 4 Esslöffel Öl in das Einmachglas geben. Das Glas verschließen und fest schütteln. Oliven hinzufügen, Glas wieder verschließen und vorsichtig schütteln, damit die Oliven von der Marinade bedeckt sind. Deckel wieder aufschrauben, Oliven mit Öl bedecken und 2 Wochen im Kühlschrank marinieren. Nach dem Öffnen stets mit Öl bedeckt im Kühlschrank aufbewahren und innerhalb von 7–10 Tagen verzehren. Die Oliven sollten zum Servieren Zimmertemperatur haben.

Eingekochtes

WENN ICH DAS RUBINROTE WÜRZKOMPOTT FÜR DEN ERNTEDANKFEST-TRUTHAHN KOCHE, ZIEHT EIN FRUCHTIGES AROMA DURCHS HAUS. OBWOHL ICH IMMER EINEN VORRAT KOCHE, IST AN WEIHNACHTEN MEIST NICHTS MEHR DAVON ÜBRIG. DAS KÖSTLICHE RELISH PASST GUT ZU SANDWICHES MIT KALTEM TRUTHAHN UND ZU SCHINKEN ODER REIFEM CHEDDAR.

Cranberry-Relish

2 EL Olivenöl

1 mittelgroße rote Zwiebel, fein gehackt

2 Knoblauchzehen, zerdrückt

350 g frische oder TK-Cranberries (müssen nicht aufgetaut werden)

100 g Rohrohrzucker

50 ml Rotweinessig

1 kleines Bund Basilikum (nur die Blätter verwenden)

1/4 TL Meersalz

frisch gemahlener schwarzer Pfeffer

sterilisierte Einmachgläser mit Schraubdeckel (siehe Seite 4)

ERGIBT ETWA 400 ML

Das Öl in einer großen, schweren Bratpfanne, am besten mit Antihaftbeschichtung, erhitzen. Zwiebel und Knoblauch unter Rühren 5 Minuten sanft anbraten.

Die restlichen Zutaten dazugeben. Bei mittlerer Hitze, unter häufigem Rühren, etwa 10 Minuten einkochen lassen. Abschmecken und nach Belieben nochmal salzen oder pfeffern. Relish in die Gläser füllen und diese gut verschließen. Nach dem vollständigen Auskühlen im Kühlschrank aufbewahren. Das Relish hält sich gekühlt 1 Monat.

EIN PIKANTES RELISH, DAS ZU JEDER JAHRESZEIT ZUBEREITET WERDEN KANN. BESONDERS GUT SCHMECKT ES ZU KALTEM SCHINKEN UND ZU KÄSE. ZUDEM IST ES EIN IDEALES GESCHENK FÜR DIE WEIHNACHTSZEIT.

Ingwer-Früchte-Relish

5 große unbehandelte Orangen
2 Birnen
2 Äpfel, säuerlich
6 EL Weißweinessig
200 g heller Rohrohrzucker
5 cm frische Ingwerwurzel, geschält und gerieben
1 TL Meersalz
40 g Rosinen
abgeriebene Schale und Saft von 1 unbehandelten Zitrone

sterilisierte Einmachgläser mit Schraubdeckel (siehe Seite 4)

ERGIBT ETWA 800 ML

Orangen waschen, Schale abreiben und beiseitestellen. Dann die weiße Haut von den Orangen abschälen. Orangen in Spalten teilen und diese zerkleinern, eventuelle Kerne entfernen.

Birnen und Äpfel schälen, entkernen und in gleich große Stücke wie die Orangen schneiden.

Essig und Zucker in einer großen, schweren Pfanne (sie sollte nicht aus Aluminium sein) erhitzen und Zucker unter häufigem Rühren schmelzen.

Ingwer und Salz in die Pfanne geben. Alles aufkochen, dann die Früchte hinzufügen. 20 Minuten unter häufigem Rühren sanft köcheln lassen, bis das Obst weich ist.

Die abgeriebene Orangenschale sowie Rosinen, Zitronenschale und -saft unterrühren.

Masse unter häufigem Rühren 10–15 Minuten kochen, bis sie stark eingedickt ist und sich keine Flüssigkeit mehr an der Oberfläche befindet.

Relish vom Herd nehmen, in die Gläser füllen und verschließen. Gut auskühlen lassen. Kühl gelagert, hält es bis zu 1 Monat.

EIN SÜSSER GOLDGELBER AUFSTRICH MIT PIKANTER NOTE FÜR FRÜHSTÜCKSMUFFINS, BRIOCHES, TOAST ODER BRÖTCHEN. WER DAS DEZENT SCHARFE, ZITRONIGE AROMA VON EINGELEGTEM SIRUPINGWER MAG, KANN AM ENDE DER KOCHZEIT 25 GRAMM DAVON, ABGETROPFT UND FEIN GEHACKT, DAZUGEBEN.

Kürbismus mit Ingwer

1 kg Moschuskürbis

100 ml ungezuckerter Apfelsaft

1/2–1 TL gemahlener Ingwer, zum Abschmecken

100 ml Ahornsirup

1 Zimtstange

sterilisierte Einmachgläser mit Schraubdeckel (siehe Seite 4)

ERGIBT ETWA 600 ML

Den Backofen auf 180 °C vorheizen.

Kürbis halbieren und Kerne entfernen. Die Hälften mit der Öffnung nach oben in eine Auflaufform legen. Mit Alufolie abdecken und im heißen Ofen 1 1/4–1 1/2 Stunden weich garen.

Kürbis aus dem Ofen nehmen und abkühlen lassen, bis man ihn schälen kann. Anschließend das Fruchtfleisch in Würfel schneiden und zusammen mit Apfelsaft, Ingwer und Ahornsirup in der Küchenmaschine zu einem glatten Püree rühren.

Mus in eine schwere Pfanne umfüllen, Zimtstange dazugeben und bei mittlerer Hitze zum Kochen bringen. Unter häufigem Rühren etwa 10 Minuten stark eindicken lassen.

Mus in die Gläser füllen, verschließen und auskühlen lassen. Im Kühlschrank hält es sich 2 Wochen.

TIEFGEFRORENE ROTE FRÜCHTE SIND GANZJÄHRIG ERHÄLTLICH UND SOLLTEN IN IHREM TIEFKÜHLFACH NICHT FEHLEN. EIN KÖSTLICHER MIX AUS KIRSCHEN, HIMBEEREN, ERDBEEREN, HEIDELBEEREN SOWIE ROTEN UND SCHWARZEN JOHANNISBEEREN ERGIBT EIN SAFTIGES KOMPOTT, DAS WARM ODER KALT ZU PFANNKUCHEN, WAFFELN, EIS, MUFFINS, BRIOCHES ODER AUCH ZU REISPUDDING SERVIERT WERDEN KANN.

Rote-Früchte-Kompott

1 kg ungezuckerte, rote TK-Früchte

200 g Zucker

1 EL Zitronensaft

1 Glas rotes Johannisbeergelee (340 g)

sterilisierte Einmachgläser mit Schraubdeckel (siehe Seite 4)

ERGIBT ETWA 1,2 L

Alle Zutaten in eine große, nicht metallene Schüssel geben. Abgedeckt 2–4 Stunden oder über Nacht in den Kühlschrank stellen, bis die Früchte aufgetaut und durchgezogen sind.

In einer großen, schweren Pfanne (sie sollte nicht aus Aluminium sein) aufkochen. Früchte etwa 10 Minuten köcheln lassen, bis die Masse eingedickt ist. Pfanne vom Herd nehmen. Kompott kurz umrühren, in die Gläser füllen und diese verschließen. Kompott gut auskühlen lassen. Im Kühlschrank hält es sich bis zu 2 Wochen.

Bezugsquellen

Hobbybäcker
www.hobbybäcker.de
Tel.: 07306 925909
Fax: 07306 925905
Große Auswahl an Backzubehör im Onlineshop, Schmuck für Kuchen und Torten, Profi-Werkzeug, hübsche Verpackungen und Aufbewahrungsdosen, Hobbybäcker-Blog.

Das Backlädchen
www.daskleinelaedchen.de
Daniela Windhagen
Schultheißstraße 10
65191 Wiesbaden
Tel.: 0611 1749804
Ladengeschäft und Onlineshop mit außergewöhnlichen Backformen, essbaren Dekorationen, Fondants und Marzipandekorationen, Kuchenkerzen und filigranen Tortenspitzen.

Deko-Geschenkbänder
www.deko-geschenkbaender.de
Tel.: 07542 980348
Onlineshop mit allen Arten von Geschenkbändern, wie z.B. Organzabänder, Kordeln und Satinbänder.

Past and Present
www.past-and-present.de
Tel.: 02405 429087
Nostalgisches Weihnachts-Geschenkpapier, Karten und Küchenutensilien aus England.

Card and Art
www.cardandart.de
Tel.: 08024 93136
Feine Papeterie zum Verpacken von Keksdosen: Italienische Buntpapiere, handgeschöpfte Papiere aus Nepal und Japan, Bänder und Kordeln.

Richters Paperbox
www.richters-paperbox.de
Tel.: 09133 789039
Onlineshop für Geschenkschachteln, farbige Packseide, schöne Papiere und Geschenkanhänger.

Geschenkbox.ch
www.geschenkbox.ch
Mit einem Keks-Ausstecher und einem kleinen Buchstabenprägeset können Sie Ihre Kekse individuell gestalten.

Bavendo – der Bäckermarkt
www.bavendo.de
Tel.: 0800 3090300
Online-Spezialist für alle Arten von besonderem Backzubehör, wie Plätzchenausstecher in Gansform oder bunte Tarteformen.

Tortissimo Backzubehör
www.tortissimo.de
Hansa Haus Laden Nr. 5
Grimmaische Straße 13–15
04109 Leipzig
Tel.: 0341 2258732
Fax: 0341 2258733
Ladengeschäft und Onlineshop mit großem Angebot: Themen-Ausstecher wie Zimtsterne, Elche oder Krippen, Dekorschablonen, Zuckerdekorationen und Lebensmittelfarben.

Muffinformen
www.leckere-muffins.de
Ausführliche Informationen zu Muffinformen aus Papier, Metall und Silikon. Bestell-Shop mit Mini-Muffinförmchen und anderen Backutensilien.

Harecker Backformen
www.harecker.de
Tel.: 08121 40038
Bestell-Shop mit Silikon-Muffinformen, z.B. in Rosen- oder Narzissenform, Schoko- und Pralinenförmchen, fantasievolle Silikon-Kuchenformen wie Blüten oder Sterne, Backmatten.

Back-Fun
www.backfun.de
Tel.: 07161 506080
Nikolaus-Silikonformen, Brioche-Formen, Herz-Muffinformen, Butterkeks-Ausstecher, Backrahmen, Tortelettfomen, Spritzbeutel und Tortenzubehör zum Bestellen.

Index